맑은 날도 흐린 날도 모두 소중한
내 마음의 날씨

이름 _____

나이 _____

안녕, 마음아? 지금 느낌이 어때?

지금 내 마음의 날씨는

깊고 푸른 가을 하늘처럼
맑고 투명하니?

소리 없이 조용히
가벼웁게 촘촘히
보슬비가 내리니?

온몸에 날이 선듯 쾅쾅
번쩍번쩍 파지직
천둥 번개가 치니?

알듯말듯 흐릿하고
하염없이 아득한 짙은 안개로 가득하니?

고요하고 차분한
마음의 수평선 위에
일곱 빛깔 찬란한
무지개가 떴니?

머리말

우리는 사계절이 아름다운 나라에 살고 있어요. 계절별로 다양한 날씨를 경험할 수 있어 우리의 매일은 더욱 풍요롭습니다.

그렇다면 우리 마음의 날씨에는 계절이 몇 개 있을까요? 사람마다 다르겠지만 분명한 건 마음의 날씨에서는 자연의 날씨보다 더 다채로운 변화를 발견할 수 있다는 거예요.

이제 우리 함께 마음의 날씨를 자세히 살피고 알아차려 볼까요?

《내 마음의 날씨》에서는 월, 화, 수, 목, 금, 요일별 주제를 통해 여러분에게 묻습니다.

"지금 너의 느낌은 어때?"

하루를 시작하거나 마무리할 때, 내 마음을 들여다볼 수 있는 시간을 내어 보세요. 그리고 15~30분 정도 질문에 대한 내 생각과 느낌을 기록해 보세요.

요일별 주제를 자세히 설명해 줄게요.

☁️ **월요일(불편해도 괜찮아)** – 불편한 감정을 있는 그대로 느끼고 모든 감정의 필요성을 발견하는 날입니다. 불편한 감정을 피하지 않고 느낄 수 있는 힘, 돌볼 수 있는 힘을 기릅니다.

💧 **화요일(감정 한 알)** - 하나의 감정을 온전히 느껴 보는 날입니다. '좋다, 싫다' 같은 단순한 표현에서 나아가 '즐겁다, 설렌다, 흥미롭다' 등 감정을 섬세하게 표현해 봅니다. 느낌말이 늘어나면 자신과 타인의 감정을 더 잘 인식하고 이해하게 됩니다.

☀ **수요일(오감 산책)** - 생각에서 빠져나와 청각, 촉각, 미각, 후각, 시각과 같은 감각에 집중합니다. 오감이 발달할 때 내면의 감각인 감정도 함께 발달할 수 있습니다.

⚡ **목요일(소망 주파수)** - 나다움을 찾아가는 '감정 가이드'에 귀 기울이는 날입니다. 좋아하는 것, 설레는 것, 도전하고 싶은 것 등 자신이 진정으로 원하는 것을 꿈꾸고, 그 꿈을 이루며 살기 위해 필요한 마음의 습관들을 만나 봅니다.

❄ **금요일(작은 감사의 날)** - 우리는 불편한 감정만 기억하고 긍정적인 감정은 당연하게 여기거나 쉽게 잊습니다. 작은 것에 고마워하며 '감사'라는 긍정적인 감정으로 한 주를 매듭지어 봅니다.

이렇듯 감정에 호기심을 갖고 돌보는 시간을 가져 보세요. 그리고 기억하세요, 지금 내 마음은 다른 이가 아닌 바로 나 자신의 관심을 필요로 한다는 것을요. 내 느낌을 알아주는 것이 곧 나를 사랑하는 일입니다. 그렇다면 오늘부터 물어볼까요?

"안녕, 마음아? 지금 느낌이 어때?"

요일별로 다양한 주제를 통해
마음을 돌아볼 수 있어요.

금

반전 감사

힘든 상황을 다르게 보고, 그 안에서 고마움을 발견하는 '구나, 겠지, 감사' 방법이 있습니다.

'구나.'를 활용해 어렵거나 힘든 상황을 적어 봅니다.
"운동을 하다가 손목을 삐었구나."

'겠지'를 사용해 상황을 받아들이고 이해합니다.
"활발하게 운동하다 보면 다칠 수도 있겠지."

마지막으로 어려운 상황에서도 감사할 일을 찾아냅니다.
"그래도 오른손이 아닌 왼손을 다친 덕분에 덜 불편해서 감사하다. 나를 도와주는 가족, 친구들이 있어 고맙다."

주제에 따른 설명을 꼼꼼히 읽어 보세요.
질문에 답하는 데 도움이 될 거예요.

	월 일
	월 일
	월 일

> 쓰는 날짜를 적어 두세요.
> 내 마음이 언제 어땠는지 찾아볼 수 있어요.

월   일

- 기대한 일이 생각처럼 되지 않아 실망한 적 있나요? 무엇을 기대했나요? 기대한 것과 어떻게 달랐고 어떤 느낌이 들었나요?

  _____
  _____
  _____
  _____

- 어떤 일로 인해 실망했지만 그 일과 관련해서 느낀 가치 있는 감정이 있나요?

  _____
  _____

> 질문에 따른 내 느낌을
> 자유롭게 적어 보세요.

  _____
  _____

- 기대와 실망에 대해 생각하며 새롭게 알게 되거나 느낀 점이 있나요?

  _____
  _____
  _____
  _____

폭풍우, 천둥, 번개, 안개, 눈, 소나기를 전부 합해야 날씨가 됩니다.
마음 또한 좋은 날도 나쁜 날도 모두 포함해야 완성됩니다.

_ 가와이 하야오

첫째 주

월

감정 만나기

감정에는 긍정적인 감정도 있지만, 원하는 것이 이루어지지 않았을 때 느끼는 불편한 감정도 있어요. 불편한 감정도 숨기거나 피하지 않고 잘 느껴 주어야 해요.

주말을 보내고 일상으로 돌아가는 월요일. '일요일'과 '월요일' 사이에는 특히 더 불편한 감정이 생길 수 있습니다.

월   일

- 월요일에 느끼는 불편한 감정에는 무엇이 있나요?

  _____

  _____

  _____

- 불편한 감정은 없애려고 하면 더욱 강해지기도 해요. "그럴 수 있어." "자연스러운 감정이야."라고 말하고 나면 어떤 느낌이 드나요?

  _____

  _____

  _____

- 월요일의 감정을 만나고 나서 새롭게 드는 생각이나 느낌이 있나요?

  _____

  _____

  _____

화

안심되다 VS 안심하다

'안심되다'와 '안심하다'는 비슷해 보이지만 뜻이 미묘하게 달라요.

*안심되다: 걱정이 떨쳐지고 마음이 편해지다.
*안심하다: 걱정을 떨쳐 버리고 마음을 편히 가지다.

'안심되다'는 문제가 걱정한 것보다 쉽게 해결돼 마음이 편해진 상태를 나타내요. 마음을 편하게 해 준 주체가 내가 아니라 '다른 누군가, 상황과 환경의 변화'예요.

'안심하다'는 상황이 해결되지 않아도 그에 대한 나의 걱정, 생각을 내려놓는 거예요. 스스로 감정을 조절해 '편안해진 상태'에 도달한 거죠. 이때 마음을 편하게 하는 원인은 '내 생각과 마음의 변화'예요.

이렇듯 뜻을 잘 살펴보기만 해도 우리는 '안심'이라는 감정을 더 뚜렷하게 이해할 수 있답니다.

월   일

- '안심되다'의 뜻처럼 걱정이 사라지고 마음이 편해진 경험이 있나요? 무엇이 마음을 편안하게 하는 데 도움을 주었나요?

　
　
　

- '안심하다'의 뜻처럼 스스로 걱정을 떨치고 마음을 편하게 가진 경험이 있나요? 어떻게 걱정을 떨칠 수 있었나요?

　
　
　

- 걱정과 안심을 동시에 느낄 수 있을까요? 걱정이 줄면 안심하는 마음이 늘어날까요? 걱정하는 마음과 안심하는 마음은 어떤 관계일까요?

천천히 보기

한 장면을 오랫동안 천천히 바라본 적 있나요?

나무가 바람에 흔들리거나 봄꽃이 흩날리는 모습, 동생이 말하거나 웃는 모습, 사이다를 마시다가 기포가 올라오는 모습을 자세히 살펴볼 수 있지요.

무언가를 가만히 바라보면 평상시에 느끼지 못한 새로운 감정이 생겨납니다.

월   일

- 한 가지를 정해 1분 정도 천천히 바라보세요. 무엇을 보았나요?

  _____

  _____

  _____

- 어떤 감정이 들었나요? 새롭게 발견한 사실이나 느낌이 있나요?

  _____

  _____

  _____

목

나는 할 수 있어!

아침에 일어나서 이불을 정리하는 행동은 '나는 내가 쓴 것을 정리하는 책임감 있는 사람이야.'라는 자기 신뢰감으로 이어집니다.

식사 준비나 뒷정리를 돕는 행동은 '나는 가족과 함께 하루를 가꾸는 사람이야.'라는 자기 이미지로 이어져요.

이런 작은 습관을 반복하면 '나는 할 수 있다.'라는 느낌이 차곡차곡 쌓이고, 이는 곧 자존감이 된답니다.

월   일

- 어떤 행동을 할 때 스스로에 대해 좋은 느낌이 드나요?

- '나는 할 수 있다!'라는 말을 얼마만큼 믿고 있는지 1~10까지 숫자로 표현해 보세요. 이유는 무엇인가요?

금

충분한 표현

우리의 마음은 하루에도 여러 번 고마움을 느껴요. 그 고마움을 표현하는 것이 중요합니다. 스쳐 가는 감사를 더 생생하게 느낄 수 있기 때문이죠. 표현을 받는 사람도 마음이 따뜻해집니다.

수줍은 감사도, 어색한 감사도, 활기찬 감사도 좋습니다. 충분히 표현해 보세요.

월   일

- 고마운 마음을 전해 듣는 사람에게 좋은 점은 무엇일까요? 그 사람은 어떤 느낌이 들까요?

  _____

  _____

  _____

- 오늘 하루 고마움을 충분히 표현했나요? 아직 전하지 못한 고마움은 무엇인가요?

  _____

  _____

  _____

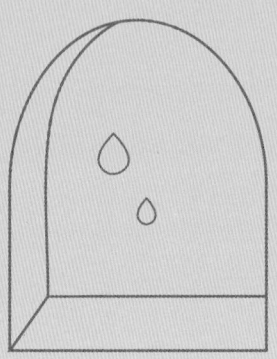

사람은 자신의 가슴속을 들여다볼 때
비로소 시야가 트입니다.

_ 카를 구스타프 융

월

내 마음을 달래 준 시와 노래

힘들거나 속상할 때, 기분이 가라앉은 순간 내 마음을 위로해 준 것이 있나요? 공감되는 노래 가사나 책 속 문장에서 힘을 얻기도 할 거예요.

　　　　　　　　　　　　　　　　　　　　월　　　일

● 요즘 나를 위로하거나 나의 불편한 마음을 알아주는 것 같은 노래, 시, 문장이 있나요?

● 그 노래와 시, 문장이 나의 어떤 감정을 달래 주었나요?

● 그 노래와 시, 문장을 떠올리면 어떤 새로운 감정이 드나요?

화

평화로움

우리는 어떤 활동을 통해 평화로운 환경을 만들 수 있고, 특별한 활동을 하지 않아도 마음속 평화를 느낄 수 있습니다.

평화로움을 만드는 것과 평화를 느끼는 것 중 어느 것을 선택하고 싶나요?

　　　　　　　　　　　　　　　　　月　　　　일

- 나를 가장 평화롭게 하는 활동은 무엇인가요?
  예) 가족과 밥 먹기, 혼자서 책 보기

  _____

  _____

  _____

- 노력하지 않아도 평화를 느끼는 순간은 언제인가요?
  예) 눈을 감고 주변의 소리에 귀 기울일 때, 바람을 느낄 때, 감정을 알아차릴 때

  _____

  _____

  _____

- 평화를 만드는 것과 평화를 느끼는 것 중 지금 나에게 필요한 것은 무엇인가요?

  _____

  _____

  _____

쓰담쓰담 촉각

우리가 손으로 만지는 모든 것에는 부드럽거나 거친 질감, 단단하거나 물렁한 굳기, 차갑거나 딱딱한 온도가 있습니다.

'촉각'에 집중하며 오늘 하루 손에 닿는 것을 쓰담쓰담해 보세요.

매일 앉는 의자를 어루만져 봅니다. 튼튼하고 차가운 느낌, 덕분에 느껴지는 든든함. 빨간 사과를 쓰담쓰담해 봅니다. 단단하고 시원한 느낌, 건강해지는 기분. 매일 쓰는 공책 한 장을 살살 만져 봅니다. 나무로 만든 매끄러운 종이, 그 위에 글씨를 쓸 때 느껴지는 기분 좋은 사각거림.

월   일

- 촉각에 주의를 기울여 보니 어떤 느낌이 드나요?

  _____

  _____

  _____

- 촉각에 주의를 기울인 뒤 새롭게 발견한 점이 있나요?

  _____

  _____

  _____

목

꿈을 이루는 말

말은 감정에, 감정은 행동에 영향을 미칩니다. 행동은 습관에, 습관은 삶에 영향을 미칩니다.

꿈은 이루고 싶은 삶입니다. 자신도 모르게 하는 말버릇이 생각과 감정, 행동, 습관 그리고 꿈에까지 영향을 미칩니다.

나의 말버릇을 관찰해 보세요. 어떤 말버릇이 꿈을 꾸고 이루어 가는 데 도움을 주는지 살펴보세요.

월   일

- 내가 습관처럼 쓰는 말이 있나요?

  _____
  _____
  _____

- 혼잣말이나 스스로에게 하는 말 중에 나에게 부정적인 영향을 주는 말이 있나요? 습관적으로 그 말을 하고 나면 어떤 느낌이 드나요?

  _____
  _____
  _____

금

오늘 하루만 감사

'1년 동안, 100일 동안, 한 달 동안' 무언가 해야 한다고 생각하면 마음이 먼저 지칠 수 있습니다. '오늘 하루만 하자'고 생각하면 마음이 한결 가벼워져요.

새로운 습관을 만들고 싶다면 마음이 그 일을 조금 더 쉽게 느낄 수 있도록 이야기해 주세요. '오늘 하루만!' '딱 15분만'이라고요.

오늘 하루만, 내게 주어진 모든 것에 감사해 보세요.

　　　　　　　　　　　　　　　　월　　　　일

- 매일이 아니라, '오늘 하루만, 딱 5분만 감사해 보자.'라고 마음먹으면 어떤 느낌이 드나요?

　
　
　

- 과거, 현재, 미래에 대해 감사한 것을 찾아 하나씩 표현해 보세요.

　
　
　

- 감사하는 습관이 생긴다면 나는 어떤 사람이 될까요? 감사하는 힘이 있을 때 자기 자신이 어떻게 느껴질까요?

자기감정에 대해 말할 수 있을 때,
그 감정은 견딜 만해지고 두려움도 줄어듭니다.

_ 프레드 로저스

셋째 주

월

별명 붙이기

불편한 감정에 이름을 붙여 보세요. 월요일이면 찾아오는 귀찮음, 새로운 상황에 서면 나타나는 두려움, 잘 해내야 한다는 생각에 생겨나는 부담감.

'찡찡이', '버럭이'와 같이 별명을 붙여도 좋습니다. 그러면 나와 감정 사이에 조금 틈을 둘 수 있습니다.

그러고 나서 "그래도 괜찮아." 하고 말하며 가슴에 손을 올립니다. 불편한 감정을 받아들이고 함께 있어 주면 불편한 감정은 필요한 만큼 머물다가 지나갑니다.

　　　　　　　　　　　　　　　　월　　　　일

- 불편한 감정에 이름을 붙여 보세요.

  _____

  _____

  _____

- 머리, 가슴 등 원하는 곳에 손을 올리고 "그래도 괜찮아." 하며 손으로 전해지는 따뜻함을 느껴 봅니다. 불편한 감정이 어떻게 느껴지나요?

  _____

  _____

  _____

화

만족

나는 만족을 잘 느끼나요? 아니면 많은 것이 주어져도 쉽게 부족함을 느끼나요? 자꾸 새로운 무언가, 더 좋아 보이는 무언가를 찾아다니지는 않나요?

만족을 느끼려면 작은 것에도 만족하는 연습을 해야 합니다. 하루에 하나씩 만족스러운 것을 찾아보세요. 그리고 잠시 만족스럽다는 감정에 머물러 봅니다. "충분하다. 만족스럽다."라고 말하면서 마음을 느낍니다.

월   일

- 원하는 것과 필요한 것을 구분할 수 있나요? 필요 없는데 광고나 주변 사람들의 영향으로 갖고 싶었던 것이 있나요?

  _____
  _____
  _____

- 최근에 '만족스럽다'고 느낀 일을 떠올려 보세요. 내가 어떤 행동과 선택을 하며 하루를 보냈을 때 '만족스럽다'고 느끼나요?

  _____
  _____
  _____

- "일상이 만족스럽다." "오늘 하루가 만족스럽다." "충분하다."라고 말해 보세요. 어떤 느낌이 드나요?

  _____
  _____
  _____

코를 킁킁

구수한 누룽지 냄새, 타닥타닥 모닥불 냄새, 시원한 바다 냄새, 엄마가 마시는 커피 냄새, 갓 구운 빵 냄새…….

나를 기분 좋게 하는 향이 있나요? 특별히 기억나는 향은요? 향기가 코로 들어올 때 어떤 느낌이 드나요?

　　　　　　　　　　　　　　　　　　　　월　　　　일

- 기분을 좋게 하는 향이 있나요? 그 향기를 맡으면 어떤 느낌이 드나요?

  _____

  _____

  _____

- 방에서 나는 향기가 있나요? 그 향은 내게 어떤 느낌을 주나요?

  _____

  _____

  _____

목

과거-오늘-미래

과거의 선택이 모여 지금의 내가 되었습니다. 오늘의 선택이 쌓여 미래가 만들어집니다. '오늘의 나'에는 과거의 나와 미래의 내가 함께 존재합니다.

이 연결을 느껴 보세요. 과거의 나에게 아쉬운 점도, 배운 점도 있을 거예요. 미래의 나를 위해 오늘 더 나은 행동을 하고 싶은 마음도 들 거예요.

　　　　　　　　　　　　　　　　월　　　　　일

- 과거의 내가 한 선택 중 오늘의 나에게 도움 되는 것이 있나요? 어떤 점이 지금의 나를 더 만족스럽게 해 주나요?

　_____

　_____

　_____

- 어떤 사람이 되기를 원하나요?

　_____

　_____

　_____

- 미래의 나를 위해 오늘의 나는 무엇을 할 수 있을까요?

　_____

　_____

　_____

금

삼시 세끼 감사

하루 세 번 감사할 수 있는 가장 쉬운 방법이 있습니다. 바로 세끼 밥을 먹을 때 감사하는 거예요.

장을 보고 음식을 준비한 가족, 식재료를 집까지 배달해 준 택배 아저씨, 상추를 기른 농부, 상추가 자라기까지 햇빛을 보낸 태양 에너지……. 이 모든 것 덕분에 내가 밥을 먹을 수 있음을 알아차려 봅니다.

삼시 세끼 감사로 풍요로운 하루를 보내 보아요.

월		일

- 밥을 먹기까지 도움받은 일은 무엇인가요?

- 밥을 먹을 수 있게 해 준 것들을 떠올리며 고마움을 표현해 보세요.

- 한 끼의 밥을 먹는 일이 어떻게 느껴지나요?

나를 알면 알수록 멀리 나아갈 수 있습니다.
자신이 생각했던 것보다 훨씬 더.

_ 파울로 코엘료

월

톡톡톡, 흐르게 해

불편한 감정을 흘려보내는 'EFT' 방법이 있어요. 부정적인 감정이 들면 신체 에너지도 막힌다고 보고, 감정이 쌓이지 않고 흘러가도록 특정 타점을 두드려 주는 거예요.

"나는 비록 불편함을 느끼지만 이런 나를 온전히 받아들이고 사랑합니다."라는 말과 함께 타점을 톡톡톡 두드려 줍니다. 검지와 중지를 모아 아래의 타점을 순서대로 각각 5~7회씩 가볍게 두드려 보세요.

정수리 → 눈썹 안쪽 → 눈꼬리 → 눈 밑 → 코밑 → 턱 → 쇄골 → 옆구리 → 엄지부터 각 손가락 손톱 옆 → 손날

월   일

- 지금 느껴지는 불편한 감정은 무엇인가요? 예) 억울함, 화남 등

  _____

  _____

  _____

- 그 감정과 함께 신체적으로 불편하게 느껴지는 위치는 어디인가요? 불편한 정도는 0~10 중 어느 정도인가요? 예) 가슴 압박, 8

  _____

  _____

  _____

- "나는 비록 (불편한 감정)을(를) 느끼지만 이런 나를 받아들이고 사랑합니다." 하며 왼손 검지와 중지로 오른손 손날을 톡톡 두드려 보세요. 불편한 정도에 변화가 있나요?

  _____

  _____

  _____

화

여유로움

우리는 어떤 때에는 조급함을, 어떤 때에는 여유로움을 느껴요. 다음에 해야 할 일을 계속 생각하면 조급해지죠. 반면 할 일을 끝내고 쉴 때, 침대에 누워 좋아하는 음악을 듣거나 책을 읽을 때 여유로움을 느껴요.

'지금 이 순간'에 주의를 기울일 때도 여유로움을 느낄 수 있어요. 1분 동안 호흡에 주의를 기울이면 마음의 공간이 넓어지면서 여유로워진답니다.

　　　　　　　　　　　　　　　　　월　　　　일

- 하루 중 가장 여유로운 순간은 언제인가요?

  _____
  _____
  _____

- 할 일이 남았는데도 '지금 이 순간'에 집중하며 마음의 여유를 느낀 적이 있나요?

  _____
  _____
  _____

- 여유로운 마음이 들 때, 나 자신이 어떻게 느껴지나요?

  _____
  _____
  _____

음미하며 먹기

음식을 천천히 먹으면서 색과 향, 맛, 어울림을 느껴 보세요. 텔레비전을 보거나 스마트폰을 만지면서 먹는 게 아니라 오직 밥 먹는 데에 주의를 기울이는 거예요. 다음 할 일을 생각하며 허겁지겁 먹지도 않고요.

익숙하고 좋아하는 맛만 추구하기보다 쌉쌀한 맛, 고소한 맛, 담백한 맛 등 다양한 맛을 골고루 경험해 보세요. 오독오독하고 아삭아삭한 식감도 느껴 보고요.

천천히 음미하면서 먹을 때 느껴지는 포만감이, 빠르게 먹을 때와 어떻게 다를까요?

　　　　　　　　　　　　　　　　　월　　　　　일

- 음식을 천천히 먹으면서 색과 향, 맛, 어울림 등을 음미해 보세요. 무엇이 느껴지나요?

　_____

　_____

　_____

- 음식을 먹으면서 다양한 식감에 집중해 보세요. 무엇이 느껴지나요?

　_____

　_____

　_____

- 음미하며 먹음으로써 새롭게 알게 된 점이나 느낀 점이 있나요?

　_____

　_____

　_____

목

원하는 것 베풀기

탁구공을 주고받듯이, 나에게서 나간 에너지는 나에게로 돌아옵니다. 다른 사람이 나에게 친절하길 바란다면 내가 먼저 그 사람을 친절하게 대해 보세요.

중요한 점은 대가 없이 베푸는 것입니다. 다른 사람이 어떻게 대하는지와 상관없이 친절하기를 선택해 보세요. 내 안에 힘과 용기, 부드러운 에너지가 쌓일 거예요.

스스로 친절한 행동을 선택하고 표현하면 더 아름다운 사람이 될 수 있습니다.

월   일

- 다른 사람들이 나를 어떻게 대하기를 원하나요?

- 내가 원하는 것을 다른 사람에게 어떻게 베풀 수 있을까요?

- 오늘 실천할 수 있는 일이 있다면 작은 것이라도 행동해 보세요. 나 자신이 어떻게 느껴지나요?

금

있는 것에 감사

나에게 없는 것이 아닌 있는 것에 주의를 기울입니다. 내가 가진 것 덕분에 누리는 것들을 알아차리고 고마움을 표현해 보는 거예요.

                                                            월   일

- 나에게 있는 것 중에 감사한 것을 하나 찾아보세요.

  _____

  _____

  _____

- 그것, 그 사람, 그 일이 있어서 어떤 점이 감사한가요?

  _____

  _____

  _____

- 고마운 감정을 표현해 보세요. 표현한 뒤 감정이 어떻게 달라지나요?

  _____

  _____

  _____

자신을 표현하는 것은
달라지기 위해 노력한다는 의미입니다.

_ 줌파 라히리

월

감정의 무게, 색깔, 모양

불편한 감정의 무게와 색깔, 모양을 상상해 보세요. 지금 느끼는 불편한 감정이 '수치심'이라면, 그 수치심은 어느 정도의 무게감을 갖고 있나요? 형태나 색은 어떨까요?

"사각형, 검은색, 5그램 정도의 수치심."

그 수치심에서 무게를 사라지게 해 보세요. 다음은 색이 사라지게 해 보세요. 마지막으로 모양이 사라지게 해 보세요. 이제 수치심은 어디로 갔나요?

나의 충분한 관심으로 맑아진 감정이 나에게 새로운 힘을 줄 거예요.

월   일

- 내가 가진 불편한 감정의 무게, 색깔, 모양을 상상해 보세요.

  _____

  _____

  _____

- 그 감정의 무게, 색깔, 모양을 하나씩 사라지게 해 보세요. 그 감정은 어떻게 되었나요?

  _____

  _____

  _____

- 이 과정을 통해 새롭게 알게 되거나 느낀 점이 있나요?

  _____

  _____

  _____

화

상쾌함

상쾌함은 '빼기'의 감정이에요. 몸을 깨끗하게 씻었을 때 상쾌하듯, 불필요한 생각과 쌓인 감정을 잘 정리하면 상쾌함을 느낄 수 있답니다.

'행복은 가벼움에 있다'는 말처럼 마음이 가볍고 상쾌한 순간 우리는 행복감을 느낍니다.

월   일

- 무엇을 비우면 홀가분해질까요? 무엇을 없애면 가볍고 상쾌해질까요?

  _____

  _____

  _____

- 최근 상쾌함을 느낀 순간이 있다면 언제인가요?

  _____

  _____

  _____

수

기억에 남는 소리

우리는 산책할 때 말하지 않아요.
아빠는 주머니에 손을 넣고, 생각하며 걸어요.
메이저는 킁킁거리며 앞으로 가요.
나는 소리에 귀 기울이며 걷지요.
나는 이 시간을 '소리 산책'이라고 불러요.
소리 산책을 하는 동안, 나는 어떤 말도 안 해요.
대신 주변 모든 소리에 귀 기울이죠.
말하지 않고 걸으면,
수많은 다른 소리를 들을 수 있어요.

_《소리 산책》중에서, 폴 쇼워스, 문혜진 옮김, 불광출판사

월   일

- 오늘 들은 소리 중 가장 기억에 남는 소리는 무엇인가요?

  _____

  _____

  _____

- 그 소리를 들을 때 어떤 느낌을 받았나요?

  _____

  _____

  _____

목

보람

'보람 있다.' '뿌듯하다.' '만족스럽다.' 이 감정들의 공통점은 무엇일까요? 바로 내가 스스로에게 줄 수 있는 감정이라는 점이에요. 결과에 상관없이 내가 진정 원하고 가치 있는 일을 했을 때 얻는 느낌이니까요.

'보람'은 다른 사람에게 감동을 주는 행동을 했을 때, 노력해서 스스로 성장했을 때, 어려운 일을 포기하지 않고 해냈을 때처럼, 자신에게 또는 타인에게 선한 일, 아름다운 일, 의미 있고 가치 있는 일을 했을 때 느끼는 감정이랍니다.

보람 있는 일이 쌓이면 나는 좋은 가족, 친구, 이웃, 시민 그리고 지구인이 됩니다.

月   일

- 나는 언제, 어떤 일을 했을 때 보람을 느끼나요? 최근에 보람을 느낀 일이 있나요? 작은 것도 좋습니다.

  _____

  _____

  _____

- 보람 있다는 감정이 차곡차곡 쌓이면 나는 어떤 사람이 될까요? 스스로가 어떤 사람으로 느껴질까요?

  _____

  _____

  _____

- 보람이라는 감정이 특별한 이유는 무엇일까요?

  _____

  _____

  _____

금

공짜로 주어지는 보물

햇살, 구름, 바람, 자연이 주는 오감의 경험. 아기의 미소, 가족의 사랑…….

값을 매길 수 없는, 공짜로 주어지는 보물을 발견하고 고마움을 표현해 보아요.

월   일

- 내가 누리는 소중한 것, 공짜로 얻은 보물에는 어떤 것이 있을까요?

- 정성스럽게 고마움을 표현해 보세요.

- 공짜로 주어지는 보물을 발견한 뒤 어떤 생각이 드나요?

행복은
작은 것들에 관심을 기울일 때 생겨납니다.

_ 빌헬름 부슈

여섯째 주

월

기대와 실망

불편한 감정을 일으키는 원인은 바깥 상황, 사건, 다른 사람이 아니라 나에게 있기도 해요. 기대한 일이 원하는 결과에 미치지 못했을 때 실망하는 마음이 들기도 하죠.

'시험에서 90점 이상 받을 거야!' 하고 노력했는데 85점을 받았을 때, 실은 이전에 80점을 맞아 5점이 올랐음에도 아쉽고 스스로에 대한 실망감이 들어요.

아쉬움도, 실망감도 자연스러운 감정이랍니다. 우리가 주목해야 할 것은 노력하는 과정에서 느낀 희망, 집중할 때 느낀 스스로에 대한 신뢰, 계속 성장하고자 하는 열정이에요!

월   일

- 기대한 일이 생각처럼 되지 않아 실망한 적 있나요? 무엇을 기대했나요? 기대한 것과 어떻게 달랐고 어떤 느낌이 들었나요?

___

___

___

- 어떤 일로 인해 실망했지만 그 일과 관련해서 느낀 가치 있는 감정이 있나요?

___

___

___

- 기대와 실망에 대해 생각하며 새롭게 알게 되거나 느낀 점이 있나요?

___

___

___

화

진심

진심이 느껴질 때 우리는 뭉클하거나 든든한 기분이 듭니다. 또 친밀감을 느끼고 신뢰하게 돼요.

나를 진심으로 대해 주는 사람을 만날 때, 내가 용기 내어 누군가에게 진심으로 다가갈 때 우리 마음은 아름다워집니다.

월   일

- 누군가의 진심을 느낀 적이 있나요? 그 순간 어떤 느낌을 받았나요?

  _____
  _____
  _____

- 누군가를 진심으로 대한 순간이 있나요? 그렇게 행동할 때 어떤 느낌이 들었나요?

  _____
  _____
  _____

- '진심'이라는 감정에 대한 생각이나 느낌을 자유롭게 적어 보세요.

  _____
  _____
  _____

수

통증

'통증'은 관심과 사랑을 바라는 신호예요. 내 몸에 불편하거나 아픈 곳이 있는지 주의를 기울여 보세요.

평소 한쪽 다리를 꼬고 앉거나, 어깨와 허리를 구부리고 있는 것은 아닌지 알아차려 보세요. 몸이 편해지도록 자세를 바로 하고, 스트레칭을 해 주세요. 아픈 곳이 있다면 사랑하는 마음을 담아 편안하게 풀어 줍니다.

　　　　　　　　　　　　　　　　　　　월　　　　　일

- 어깨, 목, 허리, 등, 다리, 손목 등의 통증을 알아차려 보세요. 아프거나 불편한 곳이 있나요? 그 통증이 나에게 어떤 느낌을 주나요?

  _____

  _____

  _____

- 고마움과 사랑의 마음을 가지고 통증이 있는 곳을 부드럽게 쓰다듬어 보세요. 다르게 느껴지는 점이 있나요?

  _____

  _____

  _____

- 내 몸이 좀 더 편안하고 건강해지기 위해 해야 할 일이나 하지 말아야 할 일은 무엇일까요?

  _____

  _____

  _____

목

나의 관심사

우리는 무엇에 관심을 가질까요? 아직 해 본 적 없지만 '배워 보고 싶다!'는 마음이 드는 것일 수도 있고, 내가 좋아하거나 잘하는 것일 수도 있습니다.

사소해도 무언가에 관심이 생긴다는 것은 특별한 일입니다. 관심이 모여 개성 있는 '취향'이 만들어지니까요. 오늘은 '나의 관심사'가 무엇인지 살펴보아요.

월   일

- 내가 요즘 관심 갖는 것은 무엇인가요? 혹은 예전부터 관심이 가는 주제, 활동 등이 있나요?

　

- 관심이 가는 이유가 무엇인가요?

　

- 관심사가 생기면 어떻게 하나요? 실제로 배우거나 실천하나요? 얼마만큼 적극적인가요?

금

나에게 감사

감사하는 마음은 다른 사람뿐 아니라 나 자신에게도 가질 수 있습니다. 나를 소중히 여기고 내가 해낸 일에 고마워해 보세요. 사소한 것이라도 좋습니다. 감사는 작은 것을 소중히 여길 때 할 수 있는 거니까요.

월   일

- 이번 주 나에게 고마운 일은 무엇인가요?

　

- 나에 대한 고마움을 말이나 글로 표현해 보세요. 어떤 느낌이 드나요?

　

- 스스로에게 감사하고 난 뒤 나 자신이 어떻게 느껴지나요?

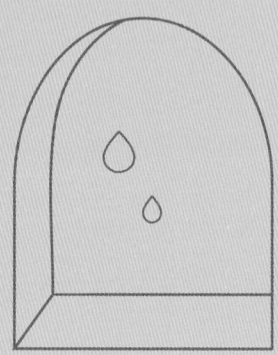

내가 듣는 말 중에서 가장 중요한 것은
자신에게 하는 말,
즉 내가 스스로에게 속삭이는 믿음입니다.

_ 마리사 피어

월

충분한 잠

만약 컨디션이 좋지 않고, 같은 활동을 해도 집중력이 떨어지고, 평소보다 쉽게 짜증이 난다면 질문해 보세요.

"내가 전날 몇 시간 잤지? 나는 충분히 쉬었나?"

'잠'이라는 최고의 휴식과 에너지 충전 시간을 잘 관리하지 않으면 건강뿐 아니라 감정, 집중력 등 모든 균형이 깨져요. 만족스러운 하루를 보내기 위해선 이완과 휴식의 시간이 필요하다는 걸 잊지 마세요.

　　　　　　　　　　　　　　　　　　　월　　　　일

● 오늘 컨디션은 5점 만점에 몇 점인가요?

　　_____
　　_____
　　_____

● 어제 잠을 몇 시간 잤나요? 오늘의 컨디션과 수면 시간은 어떤 관계가 있을까요?

　　_____
　　_____
　　_____

● 만족스러운 하루를 경험하려면 몇 시간을 자는 것이 적당할까요?
　(둘의 관계를 파악해 자신에게 꼭 맞는 수면 시간을 찾아보세요.)

　　_____
　　_____
　　_____

화

신뢰

누군가를 신뢰하고, 누군가에게 신뢰받는 것은 행복한 일이에요. 누군가를 신뢰할 때 우리는 안전하다고 느끼며, 자유롭게 행동하고, 진심을 이야기할 수 있어요.

신뢰는 '안심, 자유, 재미, 따뜻함, 진심' 등과 같은 감정의 토대가 돼요. 신뢰하기 때문에 자유를 느끼고, 즐겁고 편안하며, 나누고 도전할 수 있어요.

나는 누구를 신뢰하나요? 누구에게 신뢰받나요? 신뢰감은 어떻게 생길까요?

월   일

- 누군가를 신뢰하거나, 누군가에게 신뢰받은 적 있나요? 마음이 어땠나요? 경험이 없다면 누구와 신뢰감을 쌓고 싶은지 생각해 봐도 좋아요.

- 누군가를 믿는 마음은 어떻게 생길까요? 신뢰를 형성하는 데 필요한 것은 무엇일까요?

오늘의 온도

우리는 '따뜻하다, 덥다, 시원하다, 춥다, 뜨겁다, 선선하다' 등의 온도를 느낍니다. 그 온도 감각이 우리에게 특별한 느낌을 선물하기도 해요.

봄꽃이 활짝 폈는데도 찬바람이 불면, 시각적으로는 봄이지만 몸이 움츠러듭니다. 계절을 체감하는 것은 시각일까요, 촉각일까요? 오늘은 온도 감각에 주의를 기울여 보아요.

　　　　　　　　　　　　　　　　월　　　　일

- 오늘 느낀 날씨나 온도는 어땠나요? 단순히 '날씨가 좋다'보다 '싱그럽고 밝다.' '시원하면서 따사롭다'처럼 구체적으로 표현해 보세요.

　

- 온도를 느끼며 자신의 언어로 표현해 보니 어떤 기분이 드나요? 새롭게 느껴지는 점이 있나요?

목

롤 모델

닮고 싶은 사람이 있나요? 어떤 점을 닮고 싶나요? 그 사람을 보면 어떤 감정이 드나요? 롤 모델을 찾는 것은 어떤 삶을 살고 싶은지, 어떤 삶이 아름다운지 구체적인 상을 갖는 일입니다.

롤 모델을 찾았다면 질문해 보세요. 그는 삶에서 어떤 어려움을 겪었을까요? 그 어려움을 어떻게 극복했을까요? 닮고 싶은 사람의 삶이 나에게 나침반이 되어 줄 거예요.

월   일

- 닮고 싶은 사람이 있나요? 그 사람을 보면 어떤 감정이 드나요?

  _____
  _____
  _____

- 그 사람의 어떤 점을 닮고 싶나요?

  _____
  _____
  _____

- 나의 롤 모델은 어떤 어려움을 겪었나요? 그것을 어떻게 극복했나요?

  _____
  _____
  _____

금

감사받기

누군가 내게 고마움을 표현하면 어떻게 하나요? 혹 겸손하려다 다른 사람의 마음을 튕겨 내지는 않나요?

"도움이 됐다니 기쁘다." "고맙다고 말해 줘서 고마워. 덕분에 나도 좋다." 이렇게 감사함을 있는 그대로 받아들일 때 두 사람 모두 행복해집니다.

"별거 아닌데요, 뭘."이라는 말은 스스로가 행한 일의 가치를 작게 만들 수 있습니다. 일의 가치를 부풀릴 필요는 없지만, 그렇다고 축소할 필요도 없지 않을까요? 우리는 작은 감사를 주고받으며 서로의 하루를 조금 더 풍요롭게 만들 수 있습니다.

월   일

- 누군가 내게 고마움을 표현할 때 잘 받아들이는 편인가요?

- 내가 고마움을 표현했을 때 상대방이 어떻게 받아들이면 행복할까요?

- 앞으로 누군가 내게 고맙다고 말한다면, 어떤 말과 태도로 받아들이고 싶나요?

누구나 가만히 귀를 기울이면
자기 자신에게서 다른 누구보다 훌륭한 길잡이를 발견할 수 있습니다.

_ 제인 오스틴

여덟째 주

월

시간이 필요해

나는 친구들을 만나는 시간을 갖고
삶을 배우기 위한 시간을 갖고
엄마가 껴안아 줄 때
눈을 감고 그 따스함을 느끼는 시간을 가져요.

그리고 찬바람이 나의 볼을 따갑게 스칠 때
그것을 그대로 느끼는 것처럼
나를 힘들게 하는 것들을 있는 그대로 느껴요.

나는 선택하기 전에 시간을 가져요.
누군가에게 비밀을 말하기 전에도

나는 나의 잘못을 고치기 위해 시간을 가져요.
그리고 나의 잘못을 생각하며
그것을 슬퍼하는 시간을 가져요.

나는 나를 사랑하기 위해 시간을 가져요.

_ 모 로지에

월   일

- 불편한 감정을 잘 돌보기 위한 시간을 충분히 갖고 있나요?

  _____
  _____
  _____

- 지금 당장 불편한 감정을 만날 마음의 여유가 없다면, 그 여유를 마련하기 위해 무엇을 하면 좋을까요? 예)친한 친구와 함께 있기, 엄마와 포옹하기

  _____
  _____
  _____

- 힘든 감정을 마주하기 전에 시간을 충분히 갖는 것과, 준비 없이 바로 그 감정을 다루는 것에는 어떤 차이가 있을까요?

  _____
  _____
  _____

화

행복

대단한 성취나 기쁨도 시간이 지나면 익숙해지거나 무덤덤해져요. 그래서 강도보다 중요한 것은 '빈도'입니다.

큰 행복을 추구하기보다 매일 느낄 수 있는 작은 기쁨을 발견해 보세요. 소소하지만 확실한 행복을 의식적으로 느껴 보세요.

"아침에 빗소리를 들으며 일어나니 행복해."
"오늘도 내 생각을 글로 쓸 수 있어 행복해."
"가족들과 웃을 수 있어 행복해."

월   일

- '이렇게 되면 행복할 거야.' 하며 큰 행복을 경험하길 바라느라 현재의 작은 행복을 느끼지 못한 적 있나요?

　
　
　

- 나에게 작지만 진정한 행복을 주는 것 세 가지를 찾아보세요.

　
　
　

- 매일 작은 행복을 느낄 수 있다면 나의 하루, 1년, 삶은 어떻게 달라질까요?

호흡 알아차리기

호흡을 관찰함으로써 몸과 마음의 변화를 느껴 보세요.

*들숨 날숨 관찰하기 : 몸을 편안하고 부드럽게 한 채 자리에 앉습니다. 등을 곧게 펴고 양손은 무릎에 둡니다. 마음속으로 들숨에 '하나', 날숨에 '둘', 다시 들숨에 '하나', 날숨에 '둘' 하고 구분해 봅니다. 숨을 들이마시는 것과 내쉬는 느낌이 어떻게 다른지 비교해 보세요.

*마음을 진정시키는 날숨 : 자연스럽게 호흡하며 날숨을 들숨보다 더 길게 내쉬어 보세요. 들이마실 때는 꽃향기를 맡는다고 생각하며 코로 숨을 들이마시고, 내쉴 때는 입술을 오므려 양초의 불꽃이 살짝 흔들릴 정도로 천천히 내쉬어 보세요.

월   일

- 들숨과 날숨을 구분해 보니 어떻게 느껴지나요?

- 숨을 조금 더 길게 내쉬어 보니 어떤 느낌이 드나요?

- 호흡에 집중한 뒤 알게 되거나 느낀 점이 있나요?

목

'네'와 '아니오'

나는 나의 마음에 얼마큼 진솔한가요? 다른 사람의 마음을 배려하느라 내 마음을 외면한 일은 없었나요?

혼날까 봐, 상황을 빨리 넘기고 싶어서, 불편한 감정을 피하고 싶어서 "아니요."라고 거절하고 싶은 일에 "네." 한 적은 없나요? 그렇게 자신의 생각과 느낌을 진솔하게 표현하지 못하면 어떤가요?

우리가 먼저 배려해야 하는 것은 나의 마음이에요. 내 마음을 배려하고 돌봄으로써 온전히 책임질 수 있을 때 다른 이의 마음도 살필 수 있답니다.

월   일

- 진솔한 마음으로 "네."와 "아니요."를 분명하게 표현하나요?

- 사람들과 다른 나의 생각을 솔직하게 표현한 적 있나요? 그때 어떤 감정이 들었나요?

- 내 의견이 받아들여지는지 여부를 떠나, 진솔한 생각을 표현하는 것은 왜 중요할까요?

금

배운 것에 감사

우리는 모든 곳에서 배울 수 있습니다. 내가 키우는 작은 식물에게서 생명의 신비로움을, 어린 동생이 자라는 모습에서 성장의 놀라움을 배울 수 있지요.

학교에서 함께 배우는 것의 의미를 발견할 수도, 혼자 공부하며 스스로 요령을 익힐 수도 있습니다. 배움을 발견하고 그것에 감사해 보아요.

월   일

- 내가 배운 것들 중에 가장 기억에 남는 것은 무엇인가요?

- 가치 있는 배움을 하나 발견하고, 그것에 고마움을 표현해 보세요. 어떤 느낌이 드나요?

- 배운 것에 감사하는 태도를 갖는다면 나는 어떤 사람이 될까요?

살아 있다는 건 매일 유쾌하고 새로워지는 일.
또 자신을 발견하고 회복하는 일입니다.

_ 헨리 프레데리크 아미엘

월

생각 내려놓기

우리가 표현하고 도전하는 것은 누군가에게 좋은 평가를 받기 위해서가 아닌, 스스로가 누구인지 이해하기 위해서예요. "나는 이렇게 생각하고 느꼈어."라고 진솔하게 마음을 표현했다면 그것으로 충분하죠.

'내가 제대로 말했나? 다른 사람은 내 말을 어떻게 받아들일까?' 인정받고 허락받으려 하면 만족감과 당당함은 사라지고 불안감과 조급함이 찾아와요. 그러니 '다른 사람이 나를 어떻게 볼까?' 하는 생각은 내려놓으세요. 그보다 중요한 것은 '나는 나를 어떻게 생각할까?'랍니다.

월   일

- 나는 '다른 사람이 나를 어떻게 볼까?' 하는 생각을 얼마나 하나요? 그 생각을 하면 어떤 느낌이 드나요?

  _____
  _____
  _____

- '다른 사람이 나를 어떻게 생각할까?' 하고 고민하지 않는다면 어떻게 될까요?

  _____
  _____
  _____

- 지금, 나는 나를 어떻게 생각하나요?

  _____
  _____
  _____

화

살아 있음

힘차게 달린 뒤 심장이 쿵쾅거릴 때, 숨을 깊이 내쉬고 들이마실 때, 추위에 꽁꽁 언 몸이 코코아 한 잔에 따뜻해질 때 우리는 살아 있음을 느낍니다.

마음은 어떤가요? 사랑하는 가족과 함께 웃을 때, 산책하며 자연의 싱그러움을 느낄 때, 흰 도화지를 다양한 색으로 채워 갈 때……. 마음이 꿈틀꿈틀 살아 움직인다고 느끼는 순간이 있나요?

월   일

- 몸이 살아 있다고 느끼는 순간은 언제인가요?

- 마음이 살아 있다고 느끼는 순간은 언제인가요?

- '살아 있다'는 감각을 알아차리니 어떤 생각이나 느낌이 드나요?

나다운 감각

'취향, 취미, 특기, 개성, 성격, 기질'과 같은 말은 나와 다른 사람을 구분 짓는 나만의 특징을 가리켜요. 어떤 사람은 '나다운 것'이 무엇인지 잘 아는가 하면, 어떤 이는 '나다운 것'이 무엇인지 잘 모릅니다.

'나다운 감각'을 키우기 위해 가장 중요한 것은 '스스로 선택'하는 연습이에요.

무엇을 선택했을 때 편안하고 자연스러운지 살펴보세요. 불편하고 어색해서 나의 에너지가 움츠러든다면 그것은 나다운 것이 아니에요. 에너지가 편안하고 자연스럽게 흐를 때 나다운 선택을 한 것입니다.

월   일

- 나답다고 느껴지는 음악 취향, 옷 스타일, 공부 방법 등이 있나요?

- 무엇을 할 때 나답다고 느끼나요?

- 어떻게 말하고, 어떤 선택을 할 때 나답다고 느끼나요?

목

아하! 순간

우리는 새로운 것을 깨닫거나 발견할 때 큰 기쁨을 느껴요. 나도 모르게 "아하!" 하는 탄성을 내뱉기도 하죠.

좋은 학습 태도를 지닌 사람은 모르는 것은 '모른다', 아는 것은 '안다'고 표현합니다. 이해되지 않을 때 그냥 넘어가지 않고 질문하는 거예요. 다시 천천히 설명을 듣는 순간 "아하!" 하며 이해하는 경험을 합니다.

우리는 '삶'이라는 학교에 들어온 학생이랍니다. '아하! 순간'은 우리 삶을 꾸준히 성장시킬 거예요.

월   일

- 최근 자신에 대해 몰랐던 것을 알게 되거나, 자신을 더 잘 이해하게 된 순간이 있나요? '아하!' 하는 배움이 일어난 순간은요?

  _____
  _____
  _____

- 그때 어떤 감정을 느꼈나요?

  _____
  _____
  _____

- 나는 모르는 것은 '모른다', 아는 것은 '안다'고 표현하는 사람인가요?

  _____
  _____
  _____

금

반전 감사

힘든 상황을 다르게 보고, 그 안에서 고마움을 발견하는 '구나, 겠지, 감사' 방법이 있습니다.

'구나.'를 활용해 어렵거나 힘든 상황을 적어 봅니다.
"운동을 하다가 손목을 삐었구나."

'겠지'를 사용해 상황을 받아들이고 이해합니다.
"활발하게 운동하다 보면 다칠 수도 있겠지."

마지막으로 어려운 상황에서도 감사할 일을 찾아냅니다.
"그래도 오른손이 아닌 왼손을 다친 덕분에 덜 불편해서 감사하다. 나를 도와주는 가족, 친구들이 있어 고맙다."

월   일

- '구나, 겟지, 감사'를 활용해 문장을 만들어 보세요.

  _____

  _____

  _____

- 불편하거나 어려운 상황에서 감사를 찾아보니 어떤 느낌이 드나요?

  _____

  _____

  _____

- 힘든 상황에서도 감사를 발견할 수 있다면 나는 어떤 사람이 될까요?

  _____

  _____

  _____

행복은 어쩌다 한 번 일어나는 커다란 행운이 아니라
매일 발생하는 작은 친절이나 기쁨 속에 있습니다.

_ 벤저민 프랭클린

월

건강한 참을성

'참을성'은 참고 견디는 성질입니다. 슬픔, 화, 외로움 등의 감정을 방치하거나 억누르려 하는 참을성은 건강하지 못합니다. 감정을 억압하면 다른 방식으로 폭발하고 마니까요.

건강한 참을성은 불편한 감정을 품는 거예요. '내 안에 막막함이 있구나, 걱정스러움이 있구나. 혼란스럽구나.' 하며 인정하고 공감하는 거죠.

화가 나면 마음속으로 '내가 화났구나. 많이 속상하구나. 화가 가라앉을 때까지 나에게 시간을 주어야겠다.'라고 생각하며 자신의 감정을 보살펴 보세요. 방문을 "쾅!" 닫고 들어가거나 주변 사람에게 퉁명스럽게 말하는 대신, "지금 기분이 안 좋아서 잠깐 혼자 시간을 가질게요. 나중에 정리되면 이야기할게요."라고 하는 거예요.

월   일

- '참을성'이라는 단어가 긍정적으로 느껴지나요, 부정적으로 느껴지나요? 왜 그런가요?

  _____

  _____

  _____

- 건강한 참을성은 '감정'을 이해하고 수용하면서도 '행동'은 조절하는 거예요. 이 사실을 알고 나니 어떤 생각이나 느낌이 드나요?

  _____

  _____

  _____

- 오늘 하루, '건강한 참을성'에 주의를 기울이고 실천해 보세요. 어떤 방식으로 실천했는지, 그렇게 했을 때 어떤 느낌이 들었는지 적어 보세요.

  _____

  _____

  _____

화

설렘

설렘을 느끼는 것은 내 마음에 에너지가 있다는 긍정적인 신호예요. 설렘은 미래와 연결되어 있기 때문에 앞으로 내가 하고 싶은 일, 경험하고 싶은 일, 변화하고 싶은 것을 알아보게 해 주지요.

정리 전문가 곤도 마리에는 "설레지 않으면 버려라."라고 말했어요. 나의 미래와 함께할 물건이나 되고 싶은 나, 변화하고 싶은 나와 같이할 물건만 남기라는 거지요. 버릴 때는 "고마웠어!"라고 표현해 보세요.

월   일

- 요즘 나를 설레게 하는 사람, 물건, 활동이 있나요?

　

- 책상이나 방 등 내 공간에서 설레지 않는 것을 "고마웠어."라고 말한 뒤 정리해 봅시다.

　

- 설레는 것만 남기고 나니 어떤 느낌이 드나요?

함께 감각

덴마크에는 '휘게'로 표현되는 삶의 태도가 있습니다. 사랑하는 가족이나 친구와 보내는 소박하고 여유로운 시간을 뜻해요.

가까운 사람과 대화를 나누는 것은 물론 바비큐 파티, 공원 산책, 거리 축제, 함께 자전거 타기 등이 모두 휘게에 속하죠.

주변을 둘러보세요. 지금 내 곁에 누가, 무엇이 있나요? 친구의 웃음소리, 익숙한 교실의 소지품, 흔들리는 나무……. 이 모든 것이 함께 있음을 느껴 보세요.

월   일

- 지금 이 순간, 나와 함께 있는 것이 무엇인지 둘러보세요. 무엇이 보이고, 들리고, 느껴지나요?

  _____
  _____
  _____

- '함께'임을 느껴 보세요. '우리'를 느껴 보세요. 어떤 느낌이 드나요?

  _____
  _____
  _____

목

커다란 창조

혼자 할 수 있는 일과 혼자 할 수 없는 일이 있습니다. 우리는 협력을 통해 혼자 할 수 없는 일을 해낼 수 있어요.

다른 친구가 할 수 없는 일을 내가 도울 수 있고, 내가 어려워하는 점을 다른 친구가 채워 줄 수 있습니다. 협력할 때 우리는 커다란 창조를 이루어 낼 수 있어요.

월   일

- 누군가와 함께해서 혼자 하는 것보다 더 큰 성과를 이룬 적 있나요?

　_____

　_____

　_____

- 함께 문제를 해결하거나 무언가를 만들 때 느낀 불편한 감정 혹은 새로운 감정이 있나요?

　_____

　_____

　_____

- 협력하여 무언가를 해냈을 때, 나와 우리가 어떻게 느껴졌나요?

　_____

　_____

　_____

금

처음처럼 감사

처음 가졌을 때 큰 행복을 느낀 물건이 있나요? 어린이날이나 크리스마스, 생일에 받은 선물, 나를 소중히 여기는 사람의 마음이 담긴 선물……. 그 물건을 처음 가졌을 때의 기쁨과 감동을 떠올려 보세요.

꼭 물건이 아니어도 좋습니다. 햇빛, 공기, 새로운 하루, 무엇이든 할 수 있는 자유 시간……. 우리는 우리에게 매일 주어진다는 이유로 돈으로 살 수 없는 것들에 대한 소중함이나 고마움을 잊곤 합니다.

진정으로 감사하고 소중히 여겨야 할 것은 나에게 없는 게 아니라 내 곁에 늘 있는 것이어야 하지 않을까요? 내 곁에 있는 것에 처음처럼 감사해 보세요.

월   일

- 특별히 감동받은 물건이 있나요?

- 그 물건을 처음 받았을 때 어땠나요? 물건을 선물한 사람의 마음과 그 날의 추억, 그 물건이 내 곁에 있다는 것에 감사해 보세요.

- 고마움을 표현하고 나서 물건을 다시 보세요. 어떤 느낌이 드나요?

맑은 날도 흐린 날도 모두 소중한
내 마음의 날씨

펴낸이 정주안
지은이 이영중
기획 편집 좋은생각 편집부
디자인 길수진
펴낸곳 좋은생각사람들
주소 서울 마포구 월드컵북로 22(동교동, 영준빌딩) 2층
전화 02-330-0333
팩스 02-333-0329
ISBN 979-11-87033-79-0

ⓒPOSITIVE THINKING
Books and Gifts for the Positive Minds
www.positive.co.kr